# LES MINIATURES,

## OU

## RECHERCHES

### Sur les trois grands Spectacles.

*Castigat ridendo homines.*

1790.

# LES MINIATURES

*Le Monde est un théâtre où chacun est Acteur.*

## L'OPÉRA

### *Ouvertures.*

ON assure que beaucoup d'amateurs arrivent pour le premier coup d'archet, et s'en vont ensuite; ce ne peut être que des personnes très-extraordinaires. Comment peut-on s'en aller au premier coup d'Iphigénie? la première note vous dit, restez encore, vous serez ravi, en extase; pour moi, je l'avoue, elle me plonge dans une rêverie si douce, que je ne voudrois jamais en sortir: il y a des ouvertures à ce Spectacle qui enchantent; les plus petites y font même le plus grand plaisir.

### *DANSEUSES.*

Je ne parlerai que de mademoiselle

Guimard; depuis mesdemoiselles Château-Fort et Château-Vieux, *rien de nouveau.*

#### M.elle GUIMARD.

Graces, talens, humanité....

#### M.elle ADELAIDE-GAVAUDAN.

C'est la finesse même; une voix très-agréable, le geste aussi vif qu'expressif; elle a des graces comme toute sa famille; c'est faire l'éloge de mesdemoiselles ses sœurs.

#### M.elle ROUSSELLOIS.

Une figure papillotée; une petite bouche dont sort un très-gros volume de voix, qui produit souvent de grands effets; une grande habitude de la scène, la remplissant bien; deux bras qui font l'ouvrage de quatre, et qui excitent tous ceux des spectateurs à l'applaudir. Elle est loin de la sensibilité et de l'expression de mademoiselle Saint-Huberty; mais on voit qu'elle travaille beaucoup aux plaisirs du public, qui la paye de reconnoissance.

### M.me CHERON.

Dites-nous, avec vos bras qui montent au ciel sans cesse, est-ce pour vos péchés ou pour les nôtres ? A coup-sûr c'est pour votre bon plaisir; perdez cette habitude, vous avez tout ce qu'il faut pour plaire.

### M.elle SAINT-HUBERTY.

Nous vous avons donc perdu, tendre Alceste ! recevez pour gage de nos regrets, les larmes que vous nous avez fait repandre; vous nous avez donné bien du chagrin, et vous avez laissé bien de l'ouvrage à mademoiselle Rousselois.

### M.elle MAILLARD.

C'est une chanteuse qui se porte bien, très-bien, une santé très-solide.

### M.elle JOINVILLE.

Autrefois belle et bonne ; aujourd'hui et passable et passée.

M.elle BURETTE.

Chanteuse agréable, des graces, le gosier flexible.

M. ROUSSEAU.

Son physique et son air de douceur préviennent; sa voix acheve de déterminer pour lui; on l'aime parce qu'il joue bien; il est aimé parce qu'il est aimable.

M. REGNAUD.

De la jeunesse, bien tourné, sans prétention, chantant de même; modeste, même timide : il faudroit cultiver sa voix. Ami du beau sexe, il en sentira les obligations ; c'est au rossignol à chanter la beauté; avec de bons conseils de cet ami de Vénus, nous pourrions faire un nouvel Orphée : toute la différence, celui-ci ne bâtira pas la ville de Thèbes au son de sa lyre; il dérangera quelques boudoirs.

M. LAINEZ.

C'est un acteur qui intéresse toujours, parce qu'il est plein de feu &

d'expression dans son jeu ; un physique et un maintien nobles ; il est vraiment acteur.

### M. LAIS.

Il joue une piece nouvelle avec la même aisance qu'une ancienne. Les palais, les nuages, les déesses ne lui en imposent pas ; il joue comme dans sa chambre, et cet heureux talent annonce un acteur consommé : c'est le premier cantateur de l'Europe.

### M. ADRIEN.

Le corps d'Hercule, la tête d'Achile, le geste de Jupiter ; son organe est un tonnerre qu'une musique savante adoucit toujours au besoin : son physique prévient ; son jeu détermine les applaudissemens qu'il reçoit.

### M. CHERON.

Il remplit également la scene par une superbe voix, et un geste aussi éloquent que noble, il chante on ne peut plus juste : sa voix et l'orchestre produisent un accord parfait : le public n'attend souvent pas que l'un et l'autre aient fini pour applaudir avec transport : un talent aussi certain excitera long-temps les suffrages.

### M. CHARDINI.

Il a la parole un peu embarrassée, mais on voit qu'il met de la grace dans son jeu : il fait ses efforts pour plaire au public.

### M. CHATEAU-FORT.

Quelques talens, souvent foible, mais bonne volonté.

# LES FRANÇAIS.

## *Ouvertures.*

LES ouvertures de ce Spectacle annoncent sur-tout les jours de tragique, ce qu'on va représenter. Je ne dis pas que les violons soient mauvais, mais leurs ouvertures sont bien tristes ; c'est un orchestre de convois.

## M.elle RAUCOURT.

Cette actrice a tous les moyens physiques qu'on puisse desirer, quoique beaucoup de gens nous la dépeignent hermaphrodite ; on lui connoît trois pieces favorites, Médée, Didon, Sémiramis. Cette belle actrice a une des meilleures mémoires. Elle n'a pas acquis autant qu'on l'avoit espéré dans ses débuts ; elle a trop tôt voyagé pour avoir acquis dans la Capitale ; ses derniers voyages des Pays-Bas l'ont beaucoup fatiguée ; elle est dans le dessein d'y retourner. Dans la société, elle est très-gaie et très-aimable; ayant toute l'amabilité de son sexe, sans en avoir tous les goûts; inconstante avec les hommes, sédentaire avec les femmes, aimant le champagne, et ces petits vins qu'on trouve dans le comtat d'Avignon. Elle a beaucoup regretté la petite Olivier. Elle est en général fort attachée à ses camarades, et certaines d'entr'elles la payent de reconnoissance, car c'est un spectacle où les actrices se ressentent de l'élévation que leur donnent les emplois qu'elles remplissent. Raucourt a fait un Roman; nous sommes très-sûrs qu'elle ne l'a pas pris par la queue.

### Mme. VESTRIS.

C'est, dit-on, l'implacable ennemie de Mademoiselle Saintval l'aînée, dont elle n'aura jamais le talent. Je trouve à cette actrice beaucoup plus de grace et de précision dans ses mouvemens. Son organe n'est pas trop beau, mais pour les attitudes, les momens d'effroi, elle est très-bonne, inimitable même dans la derniere scène de Rodogune, bonne dans Roxelane et Mustapha, mauvaise dans Electre et dans Gabriel de Vergi. Sa coëffure est presque toujours hors du costume: elle n'a pas, comme Mademoiselle Raucourt, la mémoire très-heureuse; mais mieux qu'elle, elle a de beaux bras qui font de très-beaux gestes; ses bras viennent de la Virginie.

### SAINTVAL (cadette).

Très-malheureusement on ne peut pas parler de l'aînée, ou il en faudroit parler séparément; les deux sœurs ne s'accordent pas, et leurs talens, comme leur emploi, ne se ressemblent pas: disons seulement que Mademoiselle Saintval, quoiqu'elle soit très-grimaciere, comme sa sœur est très-sensible, ce n'est point un reproche fait aux actrices de Melpomene; rendre ce qu'on ne sent qu'avec art, et des rôles cruels qui sont hors de nature, il faut nécessairement qu'il se fasse une contraction dans tous les muscles: voilà ce que le public appelle, quelquefois injustement, des grimaces. Cette demoiselle Saintval cadette est très-bonne injustement, quand elle dit ces deux vers:

Puisque l'amour a fait les malheurs de ma vie,
Quel autre que l'amour doit venger Zénobie ?

Dans la tragédie de Cinna, bonne quand elle parle de sa haine à César, en lui disant : elle est morte, Seigneur ; on peut dire que cette actrice sait pleurer, puisqu'elle communique souvent les larmes aux spectateurs ; et les autres actrices, en général, ont si peu de sensibilité, qu'elle ne devient pas communicative comme l'ennui qu'elles causent dans certains rôles.

### DEGARCIN.

Les hou hou du public sembloient lui avoir défendu de jouer Iphigénie et Bérénice. Cette actrice est d'un talent maigre, comme elle : j'ai toujours peur qu'elle ne passe sur la scène ; son ton toujours pleureur ne lui permet pas de mettre un instant son mouchoir dans sa poésie ; enfin, son squelette a fait déserter Philoctete, qui a été sans doute chercher les fleches d'Hercule, pour combattre ce monstre nain. Peut-on tomber ainsi après d'aussi heureux débuts ? Pleurez moins, tendre Degarcin, nous pleurerons peut-être davantage.

### M.elle JULIE.

Elle a bien débuté, bien tombé, et ne s'en est pas relevée.

### Melle. LE COUTURIER.

Elle est regrettée de quelques personnes; sa société particuliere ne peut que gagner à ce qu'elle ne soit point occupée aux Français.

### Melle. CONTAT (l'aînée).

Pourquoi dire que sa mere faisoit frire des harengs sous le Châtelet? C'est aussi injuste que si on défendoit à sa fille de manger du maquereau et du goujon. Au reste, elle a fort soin de sa mere, et plus grand soin encore de faire beaucoup de dettes; elle en fait même faire au public, qui vient la voir toute l'année. Beaucoup de jeunes-gens ne payent point leurs tailleurs pour venir voir Contat; c'est son lot; en faire et en faire faire: dans le vrai, est-on plus aimable? Elle a le rire des amours; toutes les graces des graces même, une finesse dans le jeu, qui répand une ivresse dans celui qui la voit jouer : elle joue tous les jeux, fait toutes les parties, et s'en tire fort bien.

En général, il lui faut des rôles gais. Dans le haut comique de Moliere, elle paroît déplacée, et dans le Misanthrope, on regrette sa devanciere : chaque actrice a le talent qui lui est propre : celle-là plaira long-temps : les talens sont comme les graces, ils vieillissent difficilement : le charme de la beauté s'éteint bien plus vîte.

### MENIL-CONTAT (cadette).

Elle est de beaucoup la cadette de sa sœur, quoique toutes deux elles ne montrent pas leurs baptistaires à personne. Elle joue avec ingénuité dans les Deux-Pages ; elle plaît, elle est très-agréable en homme, et sans offenser personne, on peut rêver qu'on est Roi de Cythere, et coucher avec son Page.

### Mme. PETIT.

Une figure heureuse, toujours une coëffure et des gestes de la plus grande prétention, bonne dans quelques mouvemens d'impatience; bien au-dessous de mademoiselle Ménil-Contat dans les Deux-Pages; en général foible, très-foible.

Mme. LA CHASSAIGNE.

Bonne actrice, ayant une grande habitude du théâtre, toujours bien dans le costume; son geste dit son rôle, son geste annonce toujours ce qu'elle va dire, et tout ce qu'elle dit fait plaisir...

Melle. LA CHASSAIGNE.

Elle joue foiblement, elle a quelques moyens, mais beaucoup de timidité, et c'est ce qui étonne. Formée par une mere qui a tant de hardiesse sur la scène, on ne la voit pas avec désavantage : le talent de madame sa mere fait regarder, au public, celui de mademoiselle sa fille avec bienveillance.

Melle. L'ANGE.

C'est plus qu'un Ange, c'est un Archange, elle en a la figure, la douceur, le geste, la fraîcheur de la rose, la bouche du zéphir, beaucoup de moyens pour bien jouer un jour, mais trop timide. Ce petit Ange est toujours effrayé de paroître devant un parterre qui fait souvent le diable : c'est aux Graces à l'habiller, c'est à la Volupté à la déshabiller.

### Melle. MAÇON.

C'est une actrice d'un physique agréable, un jeu froid, l'élocution peu facile, les bras et le corps roides : bienfaite comme elle est, elle ne déploye point assez les beaux contours qu'elle a reçus de la nature : toujours assez mal accueillie du public, le comité seul peut la dédommager.

### Melle. JOLY.

Son nez touche son menton, l'esprit de son jeu et de son geste chatouille les cœurs ; c'est l'agréable rivale de mademoiselle Devienne ; elles sont toutes deux d'un enjouement rare.

### Melle. DEVIENNE.

Son geste et sa parole, sa parole et

geste, sont rivaux pour l'agrément ; et toute sa personne, au théâtre comme à la ville, lui gagne tous les cœurs. A soixante ans, chacun l'appellera Ninon ; son esprit court à grands pas à ce nouveau baptême.

### M.me SUIN.

J'avois oublié cette confidente de tragique. Elle ne sera pas fâchée de venir après deux aussi aimables soubrettes. Le public la voit avec complaisance ; dans les tragédies où il y a un récit, elle vient sur la scène, échevelée, pâle, défigurée. Elle a toujours la même contenance dans les scènes muettes, & toujours les mêmes gestes : elle a fait un bail emphythéotique avec la monotonie; son jeu est du même âge que son baptistaire : la tragédie ne convient plus à sa poitrine; elle est pour elle la greffe d'un *requiem*.

### M.elle CANDEILLE.

Belle Candeille, vous n'êtes pas très-bonne, mais vous êtes très-belle ; vous avez toujours l'air de la fille de Jephtée, qui attend que son pere la sacrifie. Dans le vrai, vous feriez un très bel holocauste.

#### Mme. BELCOURT.

Paysanne charmante, soubrette souple et fine, inspirant la gaîeté, le sourire de 20 ans, faisant oublier le baptistaire aux vieillards, et donnant envie de lui en faire refaire un autre pour lui remettre son âge à son baptistaire.

#### M.elle TENARD.

Vous avez l'air méchante; vous ne l'êtes point : les rôles de méchanceté semblent pourtant être faits pour vous; vous les rendez bien ; c'est que vous oubliez votre ton doux pour nous plaire ; vous avez le geste un peu roide ; vous n'avez pas l'organe fort doux. Quand vous voudrez, vous corrigerez l'un, vous adoucirez l'autre.

#### M. VANHOVE.

Cet acteur n'est pas sans talent, quoiqu'il crie trop fort : il est mieux dans le comique : il est très-malheureux pour lui qu'on regrette toujours Brisard ; il fera, sans doute, ensorte qu'on l'oublie ; il débite, en général, trop vîte : le public perd beaucoup de ce qu'il dit, sans espérer de le rattraper à une autre représentation de la même piece....

### M. LARIVE.

Les ames de Philoctete et de Tancrede nous ont quitté, et toutes les personnes qui aiment vraiment la scene française, rappellent à haute voix Philoctete et Tancrede. Lui, plus que tous les autres, avoit conservé du costume du fameux Lekain ; il a un physique bien plus beau, et n'étoit pas très-éloigné de son talent.

### SAINT-PRIX.

C'est le petit-fils de Lekain, le fils de Larive, et le binjamin de bien des personnes ; un superbe physique ; une voix de Stentor, un regard fier, un geste brusque, mais dessiné. Au théâtre, il fait les Princes ; à la ville, c'est un Hercule. Mademoiselle Maillard est son Omphale : si il file pour elle, c'est le parfait amour.

### M. GRAMMONT.

C'est un fort honnête homme, bon citoyen dans quelques pieces ; il joue assez bien.

### M. SAINT-FAL.

Venons au tendre Pylade, ce bon ami d'Oreste. Il dit posément, anime les vers qu'il récite par beaucoup d'ame. Dans certains momens, il crie beaucoup trop fort, puis il revient tout-à-coup à cette douceur, qui semble lui être si naturelle avec les rôles dont il est toujours chargé : son physique est très-heureux.

### M. NAUDET.

— Un physique assez avantageux, bon dans Atrée et Thieste, ayant bien des moyens qu'il n'employe pas assez, très-souvent froid et monotone, travaillant peu : cependant on lui connoît une grande envie de satisfaire le public.

### M. DUNANT.

Transi, toujours transi, soit en confident de tragédie, soit en amoureux, jouant très-petit jeu au théâtre, très-gros jeu à la ville.

## M. FLORENCE.

Bien poudré, bien musqué, mauvais dans le tragique, pédant dans le comique, bon camarade, bon citoyen, aimable en société ; il sera tard quand il adoptera l'art de penser pour l'art de plaire.

## M. DUGAZON.

L'inimitable comique, Crispin célebre, homme aimable, son geste a de l'esprit, ses yeux et ses paroles, beaucoup d'expression, époux d'un actrice charmante. Il est malheureux qu'il ne la voie point d'assez près, pour faire des petits acteurs qui lui ressemblent.

## M. MOLLÉ.

L'ornement est le plus digne appui du théâtre comique. Son rare talent efface la très-grande fatuité qu'on lui trouve, mais il a tant joué de rôles en ce genre, où il a été tant applaudi, tout cela contribue à enraciner l'habitude. Bon goût dans ses habits, l'air et le jeu d'un homme de cour le plus consommé, se connoissant à merveille en très-jolies femmes, puisqu'il est très-lié avec mademoiselle Contat.

## M. FLEURY.

C'est le fils de M. Molé au théâtre, très-enjoué, très-bon dans les Deux-Pages, semblable au Roi de Prusse par la figure, et par le geste, à s'y tromper. Cet acteur a beaucoup de jeu, de finesse, un physique solide; on voit qu'il s'étudie beaucoup à approcher de la perfection de M. son pere; il est digne de lui succéder, comme d'hériter de lui.

## M. DAZINCOURT.

Econome de sa bourse, il ne l'est pas de son geste; il en a toujours de nouveaux, il a une intelligence infinie, ne charge point, toujours dans son rôle. Il remplit bien la scène; c'est un Figaro très-aimable. Dans ce rôle, aussi mademoiselle Contat électrise tout le monde.

## M. LAROCHELLE.

Gros Crispin de bonne mine, bon

réjoui ; il a toujours l'air d'aller à une noce ; son silence est très-fin, il rit naturellement et amuſe beaucoup. Depuis quelque-temps, il acquiert, il est modeste, et c'est le vrai moyen d'acquérir davantage.

### M. DORIVAL.

Il sent et il dit bien, très-bon dans les récits ; ſon talent est très-connu et très-accueilli en public, il mérite de l'être ; il a cette sensibilité qui devient communicative.

# LES ITALIENS.

## Ouvertures.

ELLES sont en général très-bonnes & bien exécutées ; mais on pourroit se plaindre qu'à ce spectacle, comme à l'Opéra, l'orchestre couvre toujours trop la voix.

## M.<sup>me</sup> DUGAZON.

C'est l'actrice du sentiment, c'est celle de la nature comme de tous les rôles ; donnez-lui-en un où il faille de la dignité, c'est une reine ; ensuite faites-en une paysanne, c'est d'une vérité à s'y tromper ; costume, geste, parlé, tout est observé, on n'a pas plus de talent, on n'est pas plus aimable, on n'aime pas davantage, on ne sait pas mieux plaire : elle joint au mérite de bonne comédienne, beaucoup d'autres talens ; celui de l'équitation lui va à merveille, elle monte à cheval avec Astley très-académiquement.

## M.<sup>lle</sup> ADELINE.

Elle a bon cœur quand elle aime ; elle trompe ses amans quand elle n'a su que leur plaire ;

plaire; on assure qu'elle a avalé, en plaisantant un jour, un billet de caisse qu'elle avoit étalé sur une tartine de beurre; je ne le crois pas, elle a le cœur bon, je le repète avec plaisir; elle l'eût plutôt partagé à des malheureux. Le proverbe ment pour elle, elle n'aime pas les chats, mais les singes & les beaux hommes : bonne par caractère, libertine par tempérament, elle reviendra au point d'où elle est partie, & laide à présent, elle apprendra assez tôt qu'on ne plaît toujours que par des vertus, & qu'il faut intéresser quand on a cessé de plaire; de plus, qu'en bonne police, c'est s'exposer; une fille de théâtre ne doit pas ruiner le fils d'un Lieutenant de Police, qu'une ame honnête ne ruine personne, qu'enfin on pourroit sur ce, faire un sermon tout entier, si on ne prêchoit pas la fille aînée du diable.

## Les trois COLOMBES.

Elles sont restées du nom, plusieurs cavaliers du premier mérite, ont voulu, par leur constance, en faire des tourterelles, la métamorphose n'a pas réussi; l'aîné a resté insensible et bête comme un poulet d'Inde.

### M.elle CARLINE.

Cette actrice est laide, maigre, presque étique; mais a-t-on plus de finesse qu'elle? non, sans doute, sur-tout quand elle joue avec les Anglois: c'est son gibier favori, c'est le furet de l'Angleterre, le trébuchet des partériens des Italiens; c'est aussi, si l'on veut, la boîte de Pandore et le mont Vésuve de toutes les bourses.

### Melle. L'ESCOT.

Allons, belle l'Escot, à votre tour, chantez bien, chantez faux; on aime votre port, vous avez de la grace, l'air un peu froid, même un peu dédaigneux, mais cela est effacé par vos attraits; vous êtes d'une coquetterie, à la scène comme à la ville, qui fait plaisir; vous ne craignez pas plus les sifflets que les flûtes; vous êtes trop bonne musicienne pour cela.

### Mme. GONTIER.

Bon! la bonne mere! la bonne femme!

elle fait tout bien, et *en fait beaucoup !*
Les rôles de vertu sont dans son genre;
elle les joue d'après nature.

### Melle. REGNAULT. (l'aînée)

Actrice jeune et bien faite, ayant un caractere doux, beaucoup de talent; elle chante comme un rossignol, gesticule peu; c'est une habitude de société qu'elle perdra par l'habitude même du théâtre : il faut, quand elle chante, ne pas la regarder. A la ville, il faut la regarder long-temps; elle a toutes les qualités sociales.

### Melle. REGNAULT. (cadette)

Plus jolie que sa sœur, elle chante moins bien, gesticule mieux, et plaira peut-être un jour davantage. Elle n'aura jamais le gosier aussi flexible que mademoiselle sa sœur.

### M.elle DESBROSSE.

Assez bonne actrice, gentille, une jolie voix.

### M.elle CURETTE.

Jolie, bien faite, aimable, un petit filet de voix qui n'augmente point.

#### Mme. VERTEUIL.

N'est-ce pas vous, femme véritablement actrice, qui jouez la femme jalouse ? avec quelle vérité vous la rendez ! on peut, quand on vous voit, l'être de vous ; vos camarades doivent l'être de votre talent.

#### Mme. JULIEN.

De très-belle forme, une voix enfantine, ayant été très-jolie ; elle est aujourd'hui très-belle, mais elle n'est pas très-bonne.

#### M.me DEFORGE.

Enrhumée fort souvent, elle tousse toujours quand elle chante ; elle a du jeu. En général, ce spectacle-là n'est pas si bien en femmes que les Français.

#### M.me SAINT-AUBIN.

Joli, trop aimable petit Savoyard, vous ne devez point faire les commissions de Cythere, c'est aux cavaliers aimables à faire les vôtres ; on iroit avec vous en Savoye. Dans un petit soupé, on prendroit avec vous le gâteau de Savoye et le champagne avec délice; enfin, avec vous, on iroit jusqu'au bout du monde.

### Mme. CRETU.

Autrefois mademoiselle Simonet, de Versailles; elle a commencé à faire le plaisir de ce pays, puis à Bordeaux elle a été très-fêtée. Revenue à Paris, elle y a été bien reçue; la modestie est la grace qui lui donne un piquant qui rajeunit et vivifie tout ce qu'elle touche. Elle est bonne épouse, bonne mere, actrice très-agréable. Mademoiselle Regnault est le rossignol du spectacle Italien; elle en est la fauvette.

### Melle. DUFAYEL.

Actrice qui plairoit, si elle avoit autant de moyens que de bonne volonté; son air modeste lui gagne des suffrages: c'est en s'occupant de la tâche qu'elle s'est imposée, qu'elle peut achever de déterminer le public.

### M. MENIER.

Il vieillit et il plaît, il vieillira pour

la scene, et il plaira long-tems : l'agrément dont il jouit, vient de ce que le public Parisien, a de la reconnoissance pour le talent qu'il a accueilli autrefois.

## M. MICHU.

Acteur autrefois très-joli et très-bien tourné; il a conservé sa tournure, il joue les dettes et les créanciers à merveille, chante avec art et quelquefois agréablement; il devroit ne jouer que dans le comique, il plairoit davantage. Dans ce monde est-on bon à tout? non, et quoi qu'on fasse, on a toujours un jeu particulier; personne ne peut dire : j'ai tout le monde pour moi. Il a épousé une femme très-aimable, dont il a un très-joli enfant.

## M. ROSIERE.

Est vieux, n'a jamais plu, vieillira, et déplaira davantage : au fond c'est un brave homme; mais un Comédien médiocre : Voltaire naquit poëte; lui n'est pas né Comédien, il faut être né l'un et l'autre.

## M. Trial.

Son épouse s'est retirée au grand regret du public ; le mari aura la même jouiffance, quand nous éprouverons cette privation ; qu'il ne prenne pas sa pension de sitôt, le public travaillera toujours à ce qu'il soit content de la rente viagere. Son jeu est bien plus jeune que sa personne ; mais, comme M. Dugazon, il charge un peu : c'est une maladie épidémique chez les acteurs qui ont de la vogue : cela plaît, qu'il continue, mais dans dix ans, ce ne sera plus le même, peut-être faudra-t-il être plus dans la nature.

## M. Granger.

Cet acteur n'est pas gauche pour être louche ; nous n'avons pas trop de nos deux yeux pour le voir ; il joue avec aisance, a beaucoup de mémoire, du mérite personnel ; il plaira long-temps ; le plus grand témoignage qu'on puisse lui en donner, sont les applaudissemens avec lesquels le public l'accueille dès qu'il paroît.

#### M. Thomassin.

Bon réjoui, bon acteur, bon chanteur.

#### M. Clairval.

Vieillissez-vous ? Oui. Votre voix rajeunit-t-elle ? Non : mais ce qui est certain, on aura toujours grand plaisir à vous voir.

#### M. Chenard.

Une femme aussi jolie que courtisane adroite, et qui en fait son profit, a dit un jour, qu'on lui demandoit le portrait de son amant : je ne l'ai pas sur moi, dit-elle, tout ce que je puis vous dire, c'est le fils de Priape, le cousin d'Hercule, je m'en trouve fort bien.

#### M. Philippe.

Monsieur Philippe ! Monsieur Philippe ! vous chantez avec un air d'abandon et de volupté, qui séduit toutes les femmes ; toutes les dames se trouvent mal, vous faites renchérir l'eau des Carmes, ou chantez moins leur gouvernement, ou rendez au jour toutes les belles anguilles : vous faites fermer les yeux.

REMARQUES

*Remarques sur la Tragédie de Charles IX, en réponse à la Lettre de M. Palissot.*

JE n'entreprendrai ni l'éloge ni la critique de cette tragédie; mais il faut demander à M. Palissot, pourquoi, parlant de cette Piece dans un journal, il traite le Public de sot? Cette liberté a choqué tous les honnêtes-gens. M. de Chenier ne l'avoit sûrement pas prié d'injurier personne pour faire son éloge. M. de Chenier est au-dessus de ses applaudissemens, comme le Public au-dessus de ses apostrophes. M. Palissot est plus tranchant que Voltaire, et de toute aussi mauvaise humeur contre les hommes, que J.-J. Rousseau, mais beaucoup moins retenu que lui: cependant, dût-il se fâcher, je lui dirai ce que je pense de cette tragédie, ou plutôt de ce monstre dramatique. On ne m'ôteroit pas de l'idée que l'enfer s'est rendu chez M. de Chenier; que Pluton dictoit; que sa femme figuroit

E

pour Médicis ; qu'un diable très-encorné tenoit l'écritoire où M. de Chenier trempoit sa plume : MM. les abbés survinrent pour la lui arracher ; le diable fut le plus fort ; c'est ce qui lui arrive assez ordinairement. On est persuadé, quand on sort de cette piece, que Médicis étoit une mégere, Charles IX un bon homme bien mal conseillé, le chancelier Lhôpital un protestant bien fidele à sa loi; le cardinal, sous un costume qu'on ne portoit point à la cour de ce temps-là, et qui étoit à Rome à l'époque de la Saint-Barthélemy, une bien méchante bête; Coligny un brave homme, Henri IV un bon prince, qui a fait un mauvais rêve ; mais on voit avec peine, malgré les efforts de madame Vestris, que c'étoit à Médée à jouer Médicis. Quant à la sensation que cette piece m'a faite, la voici : le premier acte m'a paru froid, le second un peu plus chaud, le troisieme plus chaud encore que le second, le quatrieme brûle, le cinquieme met tout à feu et à sang : alors, le vôtre se glace au son du tocsin, qui vous déchire les entrailles. On m'a assuré que certains spectateurs n'avoient éprouvé aucune émotion. Grand Dieu, seroit ce donc des antropophages?

Quand on sort de cette piece, est-on meilleur? vaut-on moins? est-on tenté, comme on l'a dit, de se faire protestant? C'est ce dont je ne rendrai pas compte. Je ne critique pas la piece, cela ne m'appartient pas; je me borne à rester plus ferme que jamais dans ma religion; j'estimerai toujours un honnête homme, de quelqu'état qu'il soit; je resterai sujet très-chrétien, quand bien même la tragédie ne me le permettroit pas, et avec le bon vieux Simonide, j'aimerai trois choses, mon Dieu, ma femme et mon Roi (1).

---

(1) Simonide disoit ma maîtresse; mais moi qui suis marié, et qui suis plus l'amant que le mari de ma femme, l'un et l'autre est synonime pour moi.

---

## ERRATA.

*Page 32*, M. Philippe, &c.; *lisez*, M. Philippe! M. Philippe! ou chantez moins bien, ou rendez au jour toutes les belles que vous faites mourir.

www.ingramcontent.com/pod-product-compliance
Lightning Source LLC
Chambersburg PA
CBHW060720050426
42451CB00010B/1538